AF448074

Merci d'avoir acheté ce livre.

Mots m□lés

Pour senior

ISBN: 9798592649530

Pour nous aider ácontinuer,   n'hésitez
pas á mettre un commentaire sur le site.

T	R	F	M	B	X	E	M	Y	B	D	J
X	L	C	Q	A	J	L	F	E	J	E	W
Y	P	L	C	I	U	C	V	U	Z	W	Z
C	L	Q	H	N	W	V	K	L	P	C	F
C	U	V	I	F	V	D	B	L	X	H	V
R	M	Q	E	B	S	Q	T	J	N	A	Q
K	E	O	N	K	W	M	P	P	S	R	Z
X	B	V	K	G	P	A	I	N	P	I	S
R	I	V	I	È	R	E	Y	Y	H	O	I
W	K	J	Q	L	S	C	K	B	V	T	M
Y	I	C	A	I	L	L	O	U	P	G	H
G	C	O	F	M	O	U	C	H	E	X	Y

BAIN, CAILLOU, CHARIOT, CHIEN, PAIN, MOUCHE, PLUME, RIVIÈRE

Y	Z	F	L	A	M	M	E	M	T	V	C
P	Z	I	K	A	X	P	J	Y	B	N	A
K	Q	P	Z	O	E	D	M	Y	A	P	D
E	C	O	C	H	O	N	V	J	I	Q	I
I	F	F	X	T	G	I	V	G	N	K	N
C	X	Q	B	B	Z	X	N	K	R	U	D
O	L	K	X	J	W	I	P	B	J	P	O
L	U	Y	V	Y	W	Y	B	U	O	C	N
L	W	U	Q	J	A	H	H	G	T	J	J
I	B	X	A	P	I	E	R	R	E	Y	P
N	M	X	G	S	B	M	A	R	B	R	E
E	V	R	P	N	M	A	R	E	B	Q	P

ARBRE, BAIN, COCHON, COLLINE, DINDON, FLAMME, MARE, PIERRE

B	O	U	Q	U	E	T	V	W	G	P	H
Y	C	S	U	X	C	T	B	B	R	Q	Z
F	P	U	U	M	B	M	Ê	R	A	Z	C
T	O	F	H	Y	C	Z	T	A	I	E	O
O	W	O	C	T	D	M	E	N	N	V	Q
C	K	J	T	Y	Z	R	F	C	E	L	U
C	O	C	H	O	N	P	S	H	G	B	E
U	Z	D	G	C	K	K	W	E	Y	O	L
X	N	Y	B	X	K	F	Y	H	N	T	I
L	Q	T	D	L	Y	X	G	K	J	T	C
O	K	A	B	N	J	M	C	G	Q	E	O
W	Q	F	I	B	A	R	Q	U	E	W	T

BARQUE, BÊTE, BOTTE, BOUQUET, BRANCHE, COCHON, COQUELICOT, GRAINE

LÉGUME, ABEILLE, BOUE, DINDON, FLAMME, GRAINE, GUÊPE, ROUTE

X	A	W	L	K	F	E	U	I	L	L	E
Â	P	P	W	P	O	U	L	E	X	H	M
N	I	F	S	U	R	A	R	T	V	W	D
E	E	C	L	J	B	L	É	G	U	M	E
P	R	A	H	X	W	Q	E	L	X	B	Y
X	R	M	É	F	Q	F	H	V	V	V	K
P	E	P	R	E	M	F	C	Y	U	R	M
J	V	A	I	D	F	L	T	T	H	A	W
R	Y	G	S	V	X	Y	X	M	C	T	Q
M	K	N	S	X	S	M	R	D	K	F	V
R	W	E	O	P	C	Y	L	Z	P	I	Z
E	U	Q	N	E	V	Z	P	G	Z	P	F

LÉGUME, ÂNE, CAMPAGNE, FEUILLE, HÉRISSON, PIERRE, POULE, RAT

J	X	J	D	É	P	A	R	T	B	Z	C
U	A	L	K	O	O	S	G	Y	I	K	H
P	R	D	P	M	U	O	L	B	F	V	A
M	B	I	Y	Q	L	B	T	X	X	L	R
F	R	N	B	G	E	Z	B	T	O	B	I
L	E	D	U	T	G	X	C	N	F	O	O
V	C	O	H	C	O	Q	M	W	N	X	T
P	M	N	Z	V	S	J	S	Y	F	G	J
B	X	Q	I	B	C	J	F	F	C	Q	R
Y	N	D	C	A	M	P	A	G	N	E	H
W	G	M	C	V	P	O	U	S	S	I	N
H	T	R	T	R	A	C	T	E	U	R	F

ARBRE, CAMPAGNE, CHARIOT, DÉPART, DINDON, POULE, POUSSIN, TRACTEUR

C	J	B	X	W	Q	I	G	Q	N	C	K
B	U	H	P	A	W	Q	Z	E	M	H	M
H	B	É	W	I	F	W	B	M	O	E	C
Q	A	R	F	Q	O	F	I	Y	G	V	A
R	S	I	Q	A	I	L	E	B	A	A	I
M	S	S	W	E	O	N	A	F	E	L	L
Y	I	S	L	J	I	K	K	J	P	M	L
F	N	O	Y	F	M	R	R	U	M	L	O
B	Z	N	W	O	W	L	G	K	Z	Y	U
N	V	B	L	C	H	E	R	B	E	G	X
Q	C	H	I	E	N	M	B	U	F	K	B
P	L	V	V	R	I	V	I	È	R	E	X

AILE, BASSIN, CAILLOU, CHEVAL, CHIEN, HERBE, HÉRISSON, RIVIÈRE

O	R	E	Q	G	W	R	C	X	O	L	Z
J	L	J	C	R	R	S	É	T	A	N	G
E	C	H	O	E	R	Q	J	C	O	I	E
J	D	L	J	N	I	Q	Y	Q	W	O	Z
G	I	A	H	O	V	Z	E	F	K	O	P
N	N	O	J	U	I	C	L	O	L	K	P
X	D	I	Z	I	È	H	X	Z	E	J	K
Q	O	S	A	L	R	A	Z	U	U	D	F
J	N	E	B	L	E	T	W	S	Z	E	X
G	N	A	B	E	D	B	Y	Q	G	D	X
A	W	U	K	D	X	B	M	W	V	M	B
W	L	D	B	O	U	R	G	E	O	N	Z

BOURGEON, CHAT, DINDON, ÉTANG, GRENOUILLE, OIE, OISEAU, RIVIÈRE

M	X	S	O	B	O	U	Q	U	E	T	I
O	F	H	F	G	R	A	I	N	E	M	R
C	F	K	B	B	B	V	H	G	X	V	G
A	U	K	C	O	L	L	I	N	E	V	Y
I	B	J	V	W	M	O	U	O	K	Z	A
L	U	D	M	Y	K	L	M	B	R	D	R
L	D	É	H	O	K	M	M	H	W	I	B
O	X	P	B	X	C	O	J	H	J	N	R
U	P	A	F	I	U	C	G	B	M	D	E
T	W	R	N	P	W	O	L	X	I	O	G
H	J	T	P	X	R	K	C	V	E	N	O
B	Y	M	I	P	C	Z	W	P	L	N	U

ARBRE, BOUQUET, CAILLOU, COLLINE, DÉPART, DINDON, GRAINE, MIEL

K	G	P	C	R	A	P	A	U	D	V	E
B	F	M	P	Z	U	Y	Z	G	O	I	W
B	O	A	D	A	D	H	V	W	P	N	Y
W	N	R	J	B	A	I	N	F	M	S	M
P	T	G	Z	C	U	Z	Q	C	K	E	T
Q	A	U	Q	O	N	Y	M	A	X	C	R
X	I	E	X	G	U	D	L	R	A	T	J
J	N	R	N	V	M	I	J	B	K	E	Y
T	E	I	Z	W	Â	N	F	K	P	C	L
Y	Z	T	C	K	N	D	J	G	D	B	M
X	B	E	B	U	E	O	L	E	Z	M	O
Z	G	F	P	A	C	N	X	Y	K	Y	Q

ÂNE, BAIN, CRAPAUD, DINDON, FONTAINE, INSECTE, MARGUERITE, RAT

O	J	N	J	P	D	J	G	I	I	M	G
G	V	Q	O	V	I	M	Z	Z	C	U	W
E	O	U	F	R	N	J	F	C	O	Q	D
S	C	I	M	H	D	O	X	C	L	C	B
W	C	B	K	É	O	U	G	X	L	H	B
G	K	X	Y	R	N	Q	R	J	I	I	O
F	R	D	M	I	Y	N	I	O	N	E	U
W	K	W	U	S	X	X	F	I	E	N	Q
W	X	O	H	S	R	O	F	I	E	F	U
X	U	J	N	O	Q	Z	E	V	O	J	E
K	P	L	A	N	T	E	Z	O	Z	F	T
W	U	F	N	D	B	Ê	T	E	U	L	A

BÊTE, BOUQUET, CHIEN, COLLINE, DINDON, GRIFFE, HÉRISSON, PLANTE

C	Q	P	F	S	C	H	M	G	B	F	E
P	O	O	V	U	O	R	K	R	O	O	S
O	W	N	V	F	O	U	T	I	T	N	C
C	H	E	Z	C	Q	C	E	F	T	T	A
U	O	Y	L	W	H	J	V	F	E	A	R
V	J	V	R	M	G	I	J	E	S	I	G
C	H	A	R	I	O	T	Z	N	K	N	O
H	J	I	R	O	U	T	E	X	O	E	T
W	P	F	K	X	J	F	J	N	X	F	J
B	I	Y	G	A	B	E	I	L	L	E	F
U	X	K	Z	X	M	W	N	F	X	D	O
U	V	W	N	Z	Z	R	J	O	D	Y	B

ABEILLE, BOTTE, CHARIOT, ESCARGOT, FONTAINE, GRIFFE, PONEY, ROUTE

A	R	B	R	E	S	L	V	F	Z	Y	O
F	P	A	I	N	Q	J	D	L	Y	J	M
C	Q	K	Z	M	I	X	H	E	U	M	Z
Q	C	V	A	F	N	M	K	U	J	Y	I
B	J	W	G	I	S	P	V	R	G	W	I
E	U	X	N	B	E	Q	B	G	X	J	J
C	Z	G	E	A	C	F	J	L	N	E	Q
C	W	G	A	O	T	F	J	N	J	X	P
Q	R	V	U	Q	E	W	Y	Q	M	M	N
F	B	C	T	C	A	W	U	Q	Q	C	G
C	H	E	M	I	N	É	E	M	H	Q	F
Z	B	F	G	U	Ê	P	E	W	F	Y	B

AGNEAU, ARBRE, BEC, CHEMINÉE, FLEUR, GUÊPE, INSECTE, PAIN

S	C	L	K	B	M	B	E	X	R	L	L
W	A	J	T	F	F	O	U	M	Q	W	M
P	R	Z	C	A	M	P	A	G	N	E	M
O	A	Y	I	N	S	E	C	T	E	Y	G
U	A	O	P	G	Z	Y	H	O	M	M	Y
S	F	F	K	V	Y	O	Q	K	B	A	V
S	Y	M	O	M	I	X	B	E	V	R	Y
I	C	S	M	O	N	V	L	D	K	E	V
N	O	P	P	U	X	X	W	I	K	R	X
T	Q	M	V	T	G	J	P	A	I	N	M
V	T	G	S	O	F	K	Q	O	F	D	A
A	E	P	C	N	U	D	P	Q	Z	Q	J

CAMPAGNE, CAR, COQ, INSECTE, MARE, PAIN,
MOUTON, POUSSIN

E	B	T	W	L	E	Y	J	G	V	U	L
G	A	K	B	M	L	Q	I	Q	P	Z	L
R	S	O	É	W	K	C	N	B	C	O	R
A	S	C	B	G	J	K	S	F	J	U	A
I	I	O	É	H	V	N	E	C	R	A	T
N	N	C	V	W	F	J	C	I	J	V	B
E	R	H	W	K	M	B	T	L	T	M	V
K	Q	O	P	B	Z	W	E	X	V	G	G
U	L	N	S	W	L	D	I	C	S	B	F
M	B	H	P	P	G	I	Z	L	C	G	K
Q	I	Z	B	A	R	Q	U	E	W	U	M
P	J	P	L	A	N	T	E	X	K	G	Z

BARQUE, BASSIN, BÉBÉ, COCHON, GRAINE,
INSECTE, PLANTE, RAT

L	G	K	Z	E	M	B	A	R	Q	U	E
P	C	R	A	P	A	U	D	C	E	Q	C
C	U	U	K	V	Z	L	C	B	A	L	Z
B	W	C	O	C	H	O	N	J	M	B	O
G	B	H	Z	B	B	O	U	E	F	R	H
U	P	E	U	D	R	U	O	C	Y	B	F
X	M	M	Z	É	Q	K	C	B	Y	A	B
P	G	I	P	P	B	B	I	J	W	S	U
S	S	N	X	A	S	E	B	O	P	S	H
Y	J	É	S	R	I	F	O	Z	M	I	Q
U	W	E	O	T	F	C	O	Q	H	N	M
S	Y	P	B	O	X	J	G	Q	Y	W	X

BARQUE, BASSIN, BOUE, CHEMINÉE, COCHON, COQ, CRAPAUD, DÉPART

L	M	K	L	O	E	D	X	G	W	Q	W
F	S	M	K	M	B	J	L	R	V	M	S
U	Q	W	D	M	E	P	I	A	K	A	M
M	Z	C	R	K	C	A	K	I	Y	R	H
É	E	F	P	Q	A	R	G	N	B	E	L
E	Q	N	X	B	R	Q	O	E	X	G	G
W	B	B	L	O	B	E	V	P	C	K	U
F	L	A	M	M	E	P	P	I	J	B	Ê
X	P	C	J	U	E	W	G	Z	Q	Z	P
W	B	P	U	P	L	U	M	E	Q	J	E
K	B	M	K	P	Q	J	Z	K	G	C	B
B	C	O	L	L	I	N	E	Q	L	P	C

BEC, COLLINE, FLAMME, FUMÉE, GRAINE, GUÊPE, MARE, PLUME

J	A	B	E	I	L	L	E	C	H	M	P
W	G	X	B	H	P	S	P	L	U	M	E
T	Z	C	H	E	M	I	N	É	E	P	W
G	B	O	R	D	D	I	N	D	O	N	G
K	J	L	M	C	M	W	S	Y	J	Y	D
B	M	Y	Y	H	F	X	X	G	H	U	É
C	K	J	G	A	E	F	G	S	C	G	P
M	C	C	D	R	R	W	L	J	T	P	A
J	H	G	V	I	M	N	R	K	G	E	R
F	A	G	L	O	E	G	R	P	F	H	T
O	T	M	O	T	J	L	T	C	W	C	C
P	T	Y	L	C	C	C	P	P	L	W	J

ABEILLE, CHARIOT, CHAT, CHEMINÉE, DÉPART,
DINDON, FERME, PLUME

J	B	U	L	B	F	E	U	I	L	L	E
N	K	H	V	U	X	Q	I	R	K	U	B
F	O	N	T	A	I	N	E	M	G	G	H
Y	D	G	P	Y	C	G	K	Q	Q	Q	D
Y	U	N	V	A	C	O	C	C	B	Q	D
F	L	H	E	R	B	E	H	H	J	Z	M
C	A	N	N	G	V	S	C	A	C	N	D
H	J	L	J	V	X	Y	M	T	W	J	L
I	Z	N	L	A	B	V	Q	X	B	Q	X
E	W	U	B	O	U	R	G	E	O	N	A
N	Y	O	X	Z	L	Y	F	P	A	I	N
T	P	I	E	R	R	E	K	P	Q	K	J

BOURGEON, CHAT, CHIEN, FEUILLE, FONTAINE, HERBE, PAIN, PIERRE

N	T	B	O	P	K	P	G	D	A	J	V
P	L	A	B	R	O	U	T	E	X	K	Y
U	Z	I	Q	C	H	E	M	I	N	É	E
C	X	N	D	J	W	W	C	F	W	B	A
O	B	U	V	B	W	Z	Q	G	L	A	Q
L	U	G	C	O	O	U	S	A	I	L	E
L	F	U	L	U	I	V	O	O	U	W	R
I	K	V	O	Q	S	L	J	S	B	O	W
N	M	K	P	U	E	V	I	Y	G	S	N
E	C	V	P	E	A	W	J	L	O	I	E
Z	V	N	X	T	U	K	P	Q	Y	V	B
J	D	A	H	P	X	J	O	G	W	X	X

AILE, BAIN, BOUQUET, CHEMINÉE, COLLINE, OIE,
OISEAU, ROUTE

L	Z	W	U	I	C	I	J	E	U	X	H
L	A	P	R	A	I	R	I	E	O	X	Z
E	G	X	E	C	J	F	V	P	J	Z	P
U	C	H	E	M	I	N	É	E	R	C	M
B	W	N	I	P	O	U	U	M	R	R	P
P	N	Z	Z	F	X	Y	M	M	O	A	W
O	A	Z	X	L	B	M	É	O	U	P	C
W	K	F	O	Q	L	I	T	Y	T	A	O
F	L	E	U	R	N	E	A	V	E	U	C
V	M	X	U	D	I	L	N	I	T	D	H
J	T	W	L	X	O	R	G	P	R	B	O
S	Y	X	Q	O	L	O	I	W	K	F	N

CHEMINÉE, COCHON, CRAPAUD, ÉTANG, FLEUR,
MIEL, PRAIRIE, ROUTE

S	Z	M	O	P	C	C	U	B	U	C	W
V	V	A	R	O	H	W	X	J	W	O	U
V	R	R	P	N	E	B	L	U	R	L	S
T	G	G	L	E	M	K	Z	Q	K	L	X
Z	P	U	U	Y	I	Z	V	C	L	I	G
L	K	E	U	C	N	B	A	G	N	N	L
M	A	R	E	G	É	L	U	B	X	E	Y
D	B	I	C	B	E	V	I	A	P	L	B
V	U	T	X	Q	P	Y	Y	L	Z	P	T
V	M	E	X	V	O	H	C	H	A	T	Z
W	Y	A	X	J	A	R	D	I	N	R	W
B	Z	E	W	T	R	A	C	T	E	U	R

CHAT, CHEMINÉE, COLLINE, JARDIN, MARE, MARGUERITE, PONEY, TRACTEUR

R	H	L	B	K	M	O	U	T	O	N	S
P	C	H	I	E	N	K	C	J	L	F	N
G	K	W	K	W	B	Z	D	P	I	Z	Z
R	B	M	O	C	O	L	L	I	N	E	Y
E	P	O	U	Q	W	V	P	Q	D	L	J
N	L	U	V	J	S	A	I	G	Y	H	L
O	A	C	A	K	H	B	M	T	C	F	N
U	N	H	X	Z	F	E	B	P	V	L	R
I	T	E	J	C	Q	I	O	O	J	Y	Y
L	E	U	J	O	V	L	Y	U	W	W	M
L	G	M	L	R	F	L	G	L	W	M	Z
E	P	C	P	C	C	E	U	E	V	V	S

ABEILLE, CHIEN, COLLINE, GRENOUILLE, MOUCHE, MOUTON, PLANTE, POULE

P	H	A	X	T	O	R	T	U	E	W	U
G	B	O	U	E	V	F	P	O	U	L	E
C	A	P	F	X	H	F	K	I	C	F	J
H	S	X	M	L	P	I	P	H	W	Q	U
È	P	M	N	C	K	W	M	É	P	L	D
V	P	C	W	O	Z	U	S	R	I	Y	J
R	J	F	V	C	D	Q	B	I	U	U	B
E	Q	J	L	N	F	V	U	S	C	I	B
P	I	G	R	A	I	N	D	S	O	N	Z
C	F	K	K	L	N	X	X	O	Q	F	V
P	G	D	V	D	M	J	G	N	U	M	U
P	O	L	V	M	I	E	L	P	U	B	M

BOUE, CHÈVRE, COQ, GRAIN, HÉRISSON, MIEL, POULE, TORTUE

AGNEAU, CHAT, COQ, FERMIER, FUMÉE, GRAINE, GRIFFE, OISEAU

C	C	H	M	O	U	T	O	N	Q	U	C
B	J	J	V	I	O	B	J	V	F	M	L
V	X	Y	T	V	S	K	W	F	T	A	N
P	I	E	R	R	E	G	Q	J	Q	R	O
C	U	C	A	I	L	L	O	U	D	E	A
P	C	B	P	D	É	P	A	R	T	Z	H
O	F	N	P	K	X	Y	Z	E	W	C	E
N	X	O	U	F	V	G	Y	C	J	H	R
E	Z	Y	E	Y	U	L	G	F	V	A	B
Y	S	L	X	K	Z	O	P	K	J	M	E
V	J	X	N	J	U	H	Q	Y	T	P	G
L	P	L	S	P	O	G	H	S	F	F	Y

CAILLOU, CHAMP, DÉPART, HERBE, MARE, MOUTON, PIERRE, PONEY

W	B	X	M	L	F	M	T	O	J	U	W
K	P	X	O	J	T	A	P	R	J	Y	K
Q	O	J	U	M	B	R	Y	Z	Z	W	C
P	I	M	T	A	V	E	B	X	F	B	D
L	E	O	O	R	A	Q	F	C	E	N	I
U	I	M	N	G	L	V	F	V	R	X	N
M	B	J	L	U	V	M	L	N	M	X	D
E	C	C	H	E	V	A	L	Y	E	P	O
Y	M	K	F	R	Z	P	I	F	Q	Q	N
E	X	S	B	I	Y	B	H	X	V	J	K
M	O	L	P	T	O	A	X	E	K	Z	E
X	P	G	D	E	I	F	K	I	S	N	O

CHEVAL, DINDON, FERME, MARE, MARGUERITE,
MOUTON, OIE, PLUME

M	N	K	M	M	I	E	L	C	X	V	O
M	A	R	G	U	E	R	I	T	E	P	Q
E	C	H	A	T	C	Y	H	P	F	B	X
Z	V	É	T	A	N	G	X	P	Z	Q	Q
C	M	C	X	C	A	I	L	L	O	U	U
H	B	P	L	X	E	Z	Y	M	X	Y	K
E	Y	Z	N	L	L	A	X	W	C	S	U
M	W	K	Y	É	K	X	B	Q	H	X	S
I	B	Z	C	G	A	Q	O	U	È	Y	L
N	W	O	P	U	U	T	L	J	V	S	K
É	O	J	J	M	L	W	O	V	R	L	G
E	A	U	V	E	K	H	B	O	E	Y	F

LÉGUME, CAILLOU, CHAT, CHEMINÉE, CHÈVRE, ÉTANG, MARGUERITE, MIEL

B	F	M	V	X	Z	B	A	S	S	I	N
Y	I	B	E	D	Z	J	N	A	X	J	A
P	N	R	Z	G	F	N	K	F	J	N	J
I	O	A	V	R	Q	Q	K	E	Y	P	O
E	Q	N	O	I	C	I	B	R	W	G	P
R	D	C	J	F	H	A	P	M	Z	B	O
R	Z	H	Q	F	E	S	F	E	Z	W	U
E	X	E	C	E	M	X	O	J	Y	N	S
M	D	Z	P	X	I	W	P	H	X	P	S
G	N	W	P	S	N	P	C	E	B	U	I
C	H	A	T	M	É	M	Z	B	F	V	N
Z	Q	D	S	Y	E	S	X	X	G	U	K

BASSIN, BRANCHE, CHAT, CHEMINÉE, FERME,
GRIFFE, PIERRE, POUSSIN

AILE, BAIN, BASSIN, BÊTE, CAMPAGNE, FEUILLE, PAIN, ROUTE

P	B	G	U	Ê	P	E	A	O	J	B	C
H	C	A	L	V	E	Q	U	L	C	K	C
B	O	V	O	J	X	I	J	E	H	W	I
D	L	C	A	A	Q	K	A	Z	I	D	W
S	L	J	V	Y	H	W	V	X	E	U	U
Y	I	X	B	P	E	M	G	K	N	C	X
O	N	K	K	B	L	V	R	B	L	M	F
L	E	X	U	O	V	Z	A	Ê	X	L	F
K	H	J	P	I	M	W	I	T	N	K	U
C	H	E	V	A	L	C	N	E	R	P	V
O	I	S	E	A	U	Y	Z	X	C	U	B
G	C	Y	G	N	E	I	P	X	F	A	V

BÊTE, CHEVAL, CHIEN, COLLINE, CYGNE, GRAIN, GUÊPE, OISEAU

Y	Z	Z	U	B	F	B	C	P	I	W	Q
C	W	Y	L	P	O	O	O	E	N	H	J
C	U	P	Y	L	C	U	U	W	S	C	W
J	P	D	L	T	H	R	Y	X	E	O	U
I	T	R	W	X	A	G	C	K	C	Q	O
K	G	Z	S	T	M	E	G	Q	T	U	D
O	C	A	R	V	P	O	L	E	E	E	P
V	F	U	Q	J	P	N	M	T	O	L	O
P	U	X	O	V	U	G	Q	Y	J	I	M
Z	G	R	A	I	N	E	P	Y	W	C	X
M	L	G	S	R	B	É	B	É	V	O	L
U	P	C	C	Y	G	N	E	S	Z	T	O

BÉBÉ, BOURGEON, CAR, CHAMP, COQUELICOT, CYGNE, GRAINE, INSECTE

M	R	P	T	C	S	G	Z	C	I	G	G
D	P	R	N	Y	J	M	J	X	V	Q	F
Z	C	G	S	G	P	Q	A	A	V	F	O
C	M	M	V	N	Z	X	P	Q	X	X	N
F	C	A	X	E	J	B	J	X	S	P	T
O	A	P	C	J	V	F	Q	X	O	Z	A
V	H	R	W	A	G	M	X	C	I	I	I
K	C	O	G	K	A	R	Q	P	E	F	N
W	P	O	U	S	S	I	N	V	K	E	E
G	M	O	U	C	H	E	M	M	E	R	A
E	S	C	A	R	G	O	T	V	G	M	U
A	R	B	R	E	B	N	Q	N	M	E	O

ARBRE, CYGNE, ESCARGOT, FERME, FONTAINE, MOUCHE, OIE, POUSSIN

P	O	U	S	S	I	N	X	H	X	Q	Q
Y	F	X	M	T	I	N	S	E	C	T	E
Z	J	A	R	D	I	N	Y	R	A	Q	Z
B	Y	Q	C	D	C	K	R	B	G	W	J
O	G	D	W	R	B	B	M	E	G	X	C
Q	O	X	Q	C	W	Z	Y	L	T	C	A
F	P	D	V	C	P	K	I	E	P	W	R
C	D	M	C	H	E	V	A	L	I	C	B
X	Y	I	R	O	A	H	B	J	U	X	R
F	U	N	T	V	P	O	U	L	E	W	E
K	H	R	X	U	K	I	L	X	U	G	U
E	P	F	L	E	U	R	C	M	C	J	K

ARBRE, CHEVAL, FLEUR, HERBE, INSECTE, JARDIN, POULE, POUSSIN

W	C	O	L	L	I	N	E	P	Q	N	Q
T	O	R	T	U	E	C	D	E	A	M	F
V	Q	M	J	B	J	Q	C	L	Z	G	X
M	C	A	P	M	X	L	O	X	E	X	B
A	Z	Q	Q	W	O	P	C	P	P	Q	P
R	B	L	S	O	Q	Q	H	U	L	B	P
E	V	Q	O	X	F	T	O	U	A	Z	T
V	F	U	M	É	E	C	N	W	N	J	M
W	X	K	Z	A	K	F	C	X	T	W	K
F	B	Z	Q	K	S	O	K	G	E	Z	Y
G	Y	F	L	A	M	M	E	S	O	E	O
R	I	L	O	F	L	E	U	R	P	P	B

COCHON, COLLINE, FLAMME, FLEUR, FUMÉE, MARE, PLANTE, TORTUE

C	O	Q	U	E	L	I	C	O	T	Z	M
K	F	C	C	V	X	J	A	R	D	I	N
W	D	P	Q	L	G	W	I	X	Z	E	C
M	C	A	I	L	L	O	U	K	M	J	P
P	H	R	X	A	F	O	V	P	L	B	I
M	A	J	J	V	Y	C	Q	J	B	J	G
O	T	L	X	D	I	N	D	O	N	O	E
U	X	M	P	F	Z	F	S	O	A	G	O
T	Z	P	L	U	P	F	Y	D	B	K	N
O	D	M	N	P	C	Y	X	B	H	Z	W
N	K	Y	N	Z	A	M	Q	C	V	H	Z
X	J	X	M	C	R	F	E	Y	M	M	P

CAILLOU, CAR, CHAT, COQUELICOT, DINDON,

JARDIN, MOUTON, PIGEON

T	B	K	C	F	I	P	O	H	Q	H	B
O	Z	L	U	B	N	B	U	U	Q	B	P
R	Y	T	G	F	I	P	M	R	O	A	Q
T	M	X	R	P	M	M	F	E	G	S	W
U	T	Z	A	F	E	M	S	O	M	S	M
E	Y	D	I	L	X	A	V	B	A	I	N
J	M	D	N	P	B	J	H	U	S	N	K
U	D	É	O	D	D	I	P	Z	M	X	Z
B	L	P	W	T	B	B	Ê	T	E	N	B
E	J	A	G	F	E	R	M	E	F	C	P
C	F	R	Z	K	K	L	J	C	P	X	G
C	I	T	K	K	Z	F	U	O	U	Y	G

BAIN, BASSIN, BEC, BÊTE, DÉPART, FERME, GRAIN, TORTUE

I E Z L K Y B D K V B D
F R C J K N B M C O J É
F I D V N W Ê Q F D O P
E X P K H E T Y L J T A
U C P N Z X E Z Y P I R
I X F S C P Q H P Q H T
L B C H A M P O Z W I K
L D K E V V W J B É B É
E B K M O U T O N S Y I
W X A I U M P F P Z J G
C A I L L O U B T K A C
C X U C H I E N U V F N

BÉBÉ, BÊTE, CAILLOU, CHAMP, CHIEN, DÉPART, FEUILLE, MOUTON

U	K	Y	J	W	É	T	A	N	G	M	W
M	V	J	C	L	X	Q	P	I	W	G	O
X	U	H	M	I	E	L	G	U	F	X	C
X	L	É	G	U	M	E	Z	B	L	W	W
P	N	Y	P	O	P	P	X	O	Z	X	L
L	C	L	Q	U	H	I	E	U	Q	L	O
V	A	F	Y	T	B	B	Y	R	Q	T	E
F	R	C	O	O	E	C	F	G	J	Q	G
J	D	I	N	S	E	C	T	E	O	B	M
E	N	R	A	T	C	F	Q	O	K	M	G
Q	G	C	P	D	G	J	X	N	G	I	O
A	Q	C	H	È	V	R	E	E	O	B	M

LÉGUME, BOURGEON, CAR, CHÈVRE, ÉTANG,

INSECTE, MIEL, RAT

J	G	R	E	N	O	U	I	L	L	E	W
Q	G	C	J	B	P	C	L	G	X	R	Q
Y	C	X	B	F	C	A	I	L	L	O	U
M	R	Y	C	B	O	T	T	E	Q	L	B
O	A	U	K	Z	V	B	H	E	U	B	L
U	P	U	P	B	G	P	L	M	L	M	C
T	A	Q	M	W	P	Q	A	I	L	E	D
O	U	F	L	Z	O	B	Z	F	U	K	S
N	D	O	Z	L	N	Ê	F	G	I	Z	S
J	D	B	P	P	E	T	B	J	Z	Z	V
I	B	X	L	R	Y	E	O	V	Z	J	Y
L	D	R	G	Q	Q	F	I	X	V	O	Q

AILE, BÊTE, BOTTE, CAILLOU, CRAPAUD,
GRENOUILLE, MOUTON, PONEY

N	J	Y	U	Z	J	Q	P	W	G	M	D
G	D	C	H	A	R	I	O	T	B	S	K
Q	B	V	K	Y	H	Y	N	L	C	G	B
Q	Z	F	G	V	X	L	J	G	E	C	O
C	O	Q	U	E	L	I	C	O	T	Y	U
J	W	Y	P	T	D	C	I	U	Q	W	R
P	O	I	B	N	Q	O	I	F	X	Y	G
I	I	H	K	A	G	N	E	A	U	K	E
E	S	E	J	P	L	U	M	E	Q	T	O
R	E	R	D	J	J	M	Q	Z	M	J	N
R	A	B	Q	V	G	P	D	P	B	Y	K
E	U	E	P	G	F	M	B	J	V	B	E

AGNEAU, BOURGEON, CHARIOT, COQUELICOT,

HERBE, OISEAU, PIERRE, PLUME

V	Y	P	Z	D	P	P	L	A	N	T	E
P	J	O	L	T	C	F	O	O	Q	B	L
R	V	U	U	O	O	K	M	B	Y	J	P
A	U	L	V	J	O	G	U	G	J	P	B
I	W	E	L	W	W	C	R	I	L	K	M
R	Z	B	M	J	O	G	E	F	P	N	O
I	P	G	R	A	I	N	D	Q	O	I	U
E	L	Y	J	E	Z	C	C	Y	U	W	C
T	O	A	X	X	G	A	X	X	S	C	H
U	J	W	L	P	U	Z	P	N	S	V	E
P	I	G	E	O	N	P	R	N	I	R	K
T	R	A	C	T	E	U	R	C	N	W	P

GRAIN, MOUCHE, PIGEON, PLANTE, POULE,

POUSSIN, PRAIRIE, TRACTEUR

M	W	W	H	Y	U	C	Y	G	N	E	I
L	C	L	G	G	R	E	C	O	X	L	G
L	S	I	Y	Y	A	J	U	J	G	P	P
V	D	Q	X	M	T	D	X	B	É	B	É
Q	C	F	X	P	Q	F	E	R	M	E	A
G	R	E	N	O	U	I	L	L	E	P	Y
M	W	I	Q	U	F	J	E	C	B	O	H
B	W	J	C	L	I	M	B	Y	V	P	E
Y	G	C	H	E	K	C	U	U	V	C	R
Q	Q	G	A	F	X	X	U	V	L	R	B
X	I	Z	M	I	M	H	C	Q	K	X	E
P	M	H	P	X	P	A	L	I	H	Q	M

BÉBÉ, CHAMP, CYGNE, FERME, GRENOUILLE,
HERBE, POULE, RAT

C	H	E	M	I	N	É	E	P	P	K	O
H	N	J	W	P	O	K	F	U	P	F	O
T	Q	B	H	M	D	P	B	C	J	F	U
O	M	C	C	V	J	U	N	O	U	L	G
S	X	A	B	V	H	F	G	Q	S	E	G
W	Z	R	C	L	J	W	O	U	E	U	X
K	N	Q	I	R	R	F	R	E	V	R	R
M	I	E	L	L	J	L	C	L	D	M	K
K	K	M	P	N	Y	K	W	I	U	T	E
H	Y	T	G	C	L	M	L	C	H	A	T
I	N	S	E	C	T	E	B	O	I	A	B
R	I	V	I	È	R	E	P	T	E	N	W

CAR, CHAT, CHEMINÉE, COQUELICOT, FLEUR,

INSECTE, MIEL, RIVIÈRE

U	W	W	W	D	R	D	S	R	A	T	E
Z	G	M	M	P	V	J	C	K	Q	R	X
B	R	W	O	P	Z	J	Q	R	W	Q	X
G	A	J	H	U	O	E	W	Z	Z	R	F
F	I	Y	U	Z	S	O	Y	H	X	H	G
E	N	Z	C	H	A	M	P	Q	J	T	C
R	E	G	T	N	O	O	G	X	Q	O	R
M	C	E	Y	F	Y	Y	S	F	B	R	A
I	N	G	N	X	P	R	Z	W	O	T	P
E	B	P	G	V	A	X	U	H	T	U	A
R	Y	T	K	N	I	M	T	J	T	E	U
V	N	X	X	F	N	Q	Q	V	E	L	D

BOTTE, CHAMP, CRAPAUD, FERMIER, GRAINE,
PAIN, RAT, TORTUE

S	Z	E	S	C	A	R	G	O	T	X	N
L	U	W	F	R	X	Q	C	L	W	F	H
Y	L	C	G	Q	V	I	J	C	J	J	H
R	R	A	Y	W	L	J	V	R	P	A	P
O	Y	M	K	U	G	Z	Y	I	O	R	A
U	J	P	Y	L	B	G	K	V	N	D	W
T	I	A	X	L	Z	F	V	I	E	I	P
E	W	G	L	M	M	J	U	È	Y	N	K
W	Y	N	Z	K	Z	N	K	R	M	P	F
C	W	E	K	E	Q	C	W	E	E	Q	W
W	T	J	R	M	G	P	S	C	Y	M	Q
É	T	A	N	G	L	A	P	L	U	M	E

CAMPAGNE, ESCARGOT, ÉTANG, JARDIN, PLUME,
PONEY, RIVIÈRE, ROUTE

V	P	O	N	E	Y	V	B	M	L	B	M
D	F	Z	Q	P	A	H	O	A	X	C	O
H	C	W	Z	D	F	E	U	P	J	G	U
É	M	Q	S	D	V	O	Q	G	R	K	C
R	S	L	V	R	C	F	U	V	N	V	H
I	S	P	G	Y	L	U	E	K	Q	M	E
S	Q	O	J	C	G	V	T	G	Y	U	V
S	O	B	C	T	N	C	P	L	Y	B	P
O	Y	M	O	U	T	O	N	P	Y	F	E
N	K	J	O	P	I	E	R	R	E	Z	K
K	Y	P	U	C	H	È	V	R	E	P	U
F	V	F	L	E	U	R	Y	B	V	Q	O

BOUQUET, CHÈVRE, FLEUR, HÉRISSON, MOUCHE, MOUTON, PIERRE, PONEY

G	R	E	N	O	U	I	L	L	E	F	G
P	P	L	A	N	T	E	P	V	T	L	F
K	D	Z	B	Y	A	R	B	R	E	N	C
M	O	P	Q	Y	N	B	U	W	P	W	F
M	L	O	B	S	C	H	B	B	L	I	H
K	J	U	O	Q	A	B	V	N	L	S	Y
J	G	S	U	Y	M	G	B	Q	Y	S	M
A	R	S	E	L	P	V	M	O	P	V	U
R	Q	I	B	X	A	D	G	Y	Z	F	U
D	U	N	K	B	G	H	R	E	P	I	Z
I	C	B	P	B	N	H	Z	X	S	T	W
N	I	M	D	N	E	V	P	L	U	M	E

ARBRE, BOUE, CAMPAGNE, GRENOUILLE, JARDIN,

PLANTE, PLUME, POUSSIN

L	R	I	O	G	M	U	C	A	H	G	W
W	N	M	O	Y	B	C	B	C	Y	J	W
W	F	O	B	V	V	C	A	H	K	G	U
C	L	U	W	K	V	H	I	A	F	W	R
T	Q	T	L	C	D	A	N	R	G	R	Z
E	E	O	B	C	L	M	N	I	B	J	P
O	W	N	E	X	O	P	V	O	D	F	K
E	H	Z	U	C	W	U	F	T	W	R	K
F	O	N	T	A	I	N	E	T	X	J	Z
P	M	U	B	O	U	R	G	E	O	N	P
G	T	P	I	G	E	O	N	V	V	C	Q
P	B	O	U	Q	U	E	T	A	T	I	Z

BAIN, BOUQUET, BOURGEON, CHAMP, CHARIOT, FONTAINE, MOUTON, PIGEON

V	J	B	E	C	U	S	I	P	Y	I	A
B	H	E	R	B	E	Q	H	R	Z	W	Y
O	Y	Y	P	Y	Y	J	É	A	Y	Z	Y
S	O	X	F	U	L	Q	R	I	P	Z	U
Z	Q	A	T	K	P	T	I	R	P	G	J
N	B	T	M	C	I	M	S	I	X	Q	O
D	F	Y	Y	A	G	R	S	E	U	P	H
Z	R	W	O	R	E	T	O	X	L	E	K
W	K	D	V	O	O	C	N	F	W	J	M
C	O	L	L	I	N	E	K	T	U	P	P
Y	S	Y	C	V	R	X	P	Q	Q	R	F
W	V	M	J	V	W	M	O	U	C	H	E

BEC, CAR, COLLINE, HERBE, HÉRISSON, MOUCHE, PIGEON, PRAIRIE

E	V	R	B	P	X	X	G	U	Ê	P	E
Q	G	V	O	D	O	L	O	K	R	F	F
U	G	K	H	E	R	B	E	V	U	Y	C
J	C	O	L	L	I	N	E	P	P	P	A
P	K	Y	Q	Q	J	O	Z	L	L	A	K
J	I	L	J	A	B	H	H	D	A	K	M
F	C	B	M	D	U	Z	Y	I	N	E	P
C	X	A	Y	C	B	K	M	N	T	J	L
Q	P	R	F	W	M	W	K	D	E	G	U
Z	F	Q	J	W	O	P	Z	O	C	X	M
X	E	U	P	U	T	O	K	N	O	D	E
R	V	E	Z	M	I	E	L	L	F	J	E

BARQUE, COLLINE, DINDON, GUÊPE, HERBE, MIEL, PLANTE, PLUME

A	M	M	C	U	P	U	Y	F	S	T	K
N	C	Z	H	V	O	C	Q	C	F	F	W
L	O	F	E	K	X	Y	Z	A	J	C	D
X	P	Q	M	F	W	X	R	M	K	M	P
X	U	O	I	Q	U	V	F	P	P	J	Q
B	A	I	N	K	Y	M	X	A	U	P	P
Y	Z	C	É	J	Q	A	V	G	F	M	B
A	W	L	E	H	P	R	L	N	X	P	F
P	L	Y	R	P	W	E	V	E	T	L	Q
P	L	A	N	T	E	N	L	A	R	P	D
B	K	P	P	T	O	R	T	U	E	Z	Y
P	O	U	L	E	G	C	Y	G	N	E	Y

BAIN, CAMPAGNE, CHEMINÉE, CYGNE, MARE,
PLANTE, POULE, TORTUE

K	Z	U	A	P	T	Q	Y	U	Q	W	F
J	K	P	R	P	G	G	P	C	V	Q	A
Q	I	V	B	F	N	G	X	Y	U	H	K
E	Y	A	R	K	C	X	W	V	B	G	M
Y	M	B	E	B	B	O	U	Q	U	E	T
L	U	T	Q	P	O	U	S	S	I	N	C
N	V	M	S	J	U	A	Z	Q	L	B	T
Y	C	H	È	V	R	E	Z	H	L	P	O
S	Z	J	N	X	C	H	A	T	C	B	R
X	X	O	I	S	E	A	U	E	W	M	T
G	W	R	Q	L	G	F	E	Z	C	F	U
V	Y	U	Y	L	É	G	U	M	E	S	E

LÉGUME, ARBRE, BOUQUET, CHAT, CHÈVRE, OISEAU, POUSSIN, TORTUE

P	F	I	L	Y	J	K	W	C	F	B	R
T	O	N	C	W	U	J	A	R	D	I	N
R	N	S	G	B	O	C	B	A	V	V	U
A	T	E	U	W	A	Y	O	I	X	U	Q
C	A	C	Ê	P	G	R	I	F	F	E	S
T	I	T	P	O	S	S	G	O	X	J	P
E	N	E	E	B	Y	F	Z	G	V	W	P
U	E	A	M	G	C	Y	K	R	I	C	O
R	F	L	K	J	B	N	M	A	A	B	S
T	L	V	L	J	A	U	K	I	L	V	R
Y	C	Y	G	N	E	E	W	N	M	R	Q
J	U	C	Y	H	C	Z	F	U	X	O	J

CYGNE, FONTAINE, GRAIN, GRIFFE, GUÊPE, INSECTE, JARDIN, TRACTEUR

M	M	P	Y	N	T	O	R	T	U	E	M
J	L	C	A	M	P	A	G	N	E	L	H
M	C	O	Q	U	E	L	I	C	O	T	Q
C	J	X	B	C	H	E	R	B	E	B	G
H	Z	W	M	P	O	E	Q	V	Q	R	K
E	U	P	M	R	J	L	L	S	D	Z	Y
V	C	L	W	J	R	É	R	Q	É	S	P
A	C	A	L	Z	E	G	P	E	P	O	O
L	P	N	K	Y	M	U	Q	U	A	U	K
H	K	T	S	F	N	M	I	P	R	F	G
G	Q	E	L	V	Y	E	W	Z	T	Q	D
T	N	B	L	B	Q	Y	F	O	E	G	S

LÉGUME, CAMPAGNE, CHEVAL, COQUELICOT,
DÉPART, HERBE, PLANTE, TORTUE

B	A	B	U	P	Â	N	E	B	I	D	W
M	Q	A	B	T	Z	Q	G	E	X	K	N
D	B	R	K	L	J	Q	G	W	R	O	Y
X	X	Q	A	Z	I	N	S	E	C	T	E
Q	U	U	R	K	N	D	É	P	A	R	T
L	L	E	B	E	Y	B	J	J	D	G	L
Y	V	K	R	U	X	X	A	B	Z	V	H
W	J	Z	E	R	Y	V	X	E	K	V	Q
Y	Z	K	X	U	J	P	R	U	P	L	P
J	C	H	A	M	P	M	A	Z	M	V	A
R	B	F	Z	X	P	W	T	Q	U	G	I
Y	X	T	K	B	D	B	B	A	H	B	N

ÂNE, ARBRE, BARQUE, CHAMP, DÉPART, INSECTE, PAIN, RAT

C	L	D	A	Z	F	V	D	F	E	I	K
H	S	Z	M	F	E	K	C	H	F	Z	F
C	D	M	E	Z	U	O	R	W	L	S	P
D	X	A	Z	F	I	N	I	X	A	R	N
É	Z	R	L	E	L	Z	V	Y	M	X	K
P	C	G	G	R	L	Q	I	F	M	X	H
A	C	U	G	M	E	G	È	E	E	A	W
R	Y	E	B	E	B	G	R	C	V	X	X
T	T	R	U	F	C	N	E	X	X	R	U
M	L	I	G	O	Y	G	U	M	K	L	D
K	C	T	X	O	C	G	B	E	C	P	L
J	U	E	O	F	U	M	É	E	L	X	G

BEC, DÉPART, FERME, FEUILLE, FLAMME, FUMÉE, MARGUERITE, RIVIÈRE

O	W	G	R	A	I	N	C	C	M	G	P
M	O	R	C	E	A	U	L	V	K	Q	L
N	J	M	B	O	U	Q	U	E	T	D	O
D	P	W	X	O	X	C	H	A	T	X	C
M	R	C	C	K	B	D	F	P	H	R	I
I	A	H	G	O	Y	Y	A	B	N	A	V
E	I	È	S	L	Q	L	B	K	I	T	V
F	R	V	U	Z	G	B	B	K	Q	Q	O
L	I	R	F	W	F	O	H	K	E	G	Y
Y	E	E	J	Z	C	T	J	C	B	Z	Y
V	S	X	G	R	V	T	N	Y	Y	G	K
J	B	U	V	Y	J	E	F	Y	R	K	K

BOTTE, BOUQUET, CHAT, CHÈVRE, GRAIN, MORCEAU, PRAIRIE, RAT

X	R	I	B	K	B	P	I	G	E	O	N
Z	D	M	R	I	V	I	È	R	E	E	Z
Y	L	M	M	G	W	J	A	P	J	X	V
A	A	W	K	A	F	N	A	I	T	X	V
C	R	N	Y	C	A	I	L	L	O	U	M
I	D	É	P	A	R	T	J	S	R	H	L
C	K	Q	C	V	A	L	W	X	T	Q	I
Y	O	B	U	Y	S	O	G	N	U	O	I
G	I	F	U	M	É	E	H	S	E	Z	V
N	N	M	C	Z	L	L	J	Y	R	Y	W
E	P	L	F	O	N	T	A	I	N	E	L
L	V	Q	E	I	H	B	B	U	J	K	O

CAILLOU, CYGNE, DÉPART, FONTAINE, FUMÉE, PIGEON, RIVIÈRE, TORTUE

H	C	K	P	O	U	L	E	B	B	W	P
É	R	J	C	E	N	F	F	G	C	Z	G
R	A	V	G	L	O	J	M	Q	L	J	Q
I	P	C	U	Q	K	L	N	R	D	C	I
S	A	Q	G	R	I	F	F	E	Z	Q	L
S	U	J	W	L	T	C	H	A	M	P	V
O	D	Q	R	W	C	K	G	O	U	V	B
N	F	P	O	J	A	K	K	P	F	Y	C
W	L	Z	W	W	R	F	B	M	V	C	B
Z	W	P	W	Y	P	Q	M	F	D	O	O
L	É	G	U	M	E	Z	F	G	Y	G	F
M	A	R	G	U	E	R	I	T	E	I	D

LÉGUME, CAR, CHAMP, CRAPAUD, GRIFFE,
HÉRISSON, MARGUERITE, POULE

H	C	K	P	O	U	L	E	B	B	W	P
É	R	J	C	E	N	F	F	G	C	Z	G
R	A	V	G	L	O	J	M	Q	L	J	Q
I	P	C	U	Q	K	L	N	R	D	C	I
S	A	Q	G	R	I	F	F	E	Z	Q	L
S	U	J	W	L	T	C	H	A	M	P	V
O	D	Q	R	W	C	K	G	O	U	V	B
N	F	P	O	J	A	K	K	P	F	Y	C
W	L	Z	W	W	R	F	B	M	V	C	B
Z	W	P	W	Y	P	Q	M	F	D	O	O
L	É	G	U	M	E	Z	F	G	Y	G	F
M	A	R	G	U	E	R	I	T	E	I	D

LÉGUME, CAR, CHAMP, CRAPAUD, GRIFFE,
HÉRISSON, MARGUERITE, POULE

I	K	F	P	A	I	N	V	V	J	O	B
U	W	Z	F	V	A	N	Y	F	L	B	R
W	C	B	L	I	Q	Q	T	D	M	O	A
C	H	E	M	I	N	É	E	K	L	U	N
O	Q	V	F	V	Y	A	H	C	Q	R	C
V	H	U	R	K	Q	U	D	I	O	G	H
D	W	M	S	R	S	Y	H	R	L	E	E
R	Q	C	E	A	F	P	J	A	Y	O	J
M	I	E	L	M	Z	A	U	T	C	N	J
E	D	A	U	E	K	V	M	C	G	J	B
T	B	O	T	T	E	H	V	G	R	Q	H
O	K	C	O	L	J	A	R	D	I	N	X

BOTTE, BOURGEON, BRANCHE, CHEMINÉE, JARDIN, MIEL, PAIN, RAT

F	L	E	U	R	H	B	K	X	T	B	E
C	G	F	F	A	B	E	I	L	L	E	K
H	X	X	G	C	E	L	L	X	P	Z	M
T	B	J	O	P	C	Y	I	Y	Q	C	A
Y	G	U	Y	U	O	V	G	V	B	Z	R
G	Q	C	J	B	L	W	Q	Z	R	Z	G
R	R	J	K	X	L	G	W	P	A	R	U
I	A	J	O	X	I	U	J	Y	N	R	E
F	T	T	I	L	N	L	U	H	C	F	R
F	Z	Â	B	P	E	J	B	H	H	C	I
E	G	N	F	H	B	U	W	O	E	Z	T
G	R	E	P	F	C	Y	E	X	X	G	E

ABEILLE, ÂNE, BRANCHE, COLLINE, FLEUR,
GRIFFE, MARGUERITE, RAT

G	Z	G	R	E	N	O	U	I	L	L	E
P	U	K	D	É	P	A	R	T	W	Q	K
F	F	R	X	C	H	È	V	R	E	U	P
W	Z	L	W	E	A	X	G	W	Q	R	L
Y	W	X	G	K	C	S	D	B	L	Y	U
W	Q	U	C	X	F	Q	J	T	É	K	M
M	P	J	Z	Q	M	B	J	C	G	V	E
E	C	A	R	U	M	X	J	M	U	J	T
G	B	O	T	T	E	J	F	Y	M	F	M
P	F	P	R	L	M	H	C	E	E	C	D
D	T	U	M	J	L	P	Y	W	V	X	L
B	F	H	Y	U	B	R	A	N	C	H	E

LÉGUME, BOTTE, BRANCHE, CAR, CHÈVRE, DÉPART, GRENOUILLE, PLUME

C	K	J	U	C	A	M	P	A	G	N	E
O	F	J	L	P	O	U	S	S	I	N	P
Q	E	U	Q	C	L	U	K	Z	J	O	P
U	U	W	C	U	D	Y	G	V	T	H	D
E	I	E	V	X	D	K	B	C	H	W	V
L	L	C	K	F	I	X	E	O	K	P	B
I	L	V	M	I	J	X	C	D	D	E	B
C	E	X	O	X	A	P	A	N	É	M	K
O	B	S	U	X	R	W	L	K	P	V	O
T	X	L	V	C	D	F	C	O	A	C	I
C	F	L	W	X	I	F	M	V	R	H	E
W	T	A	P	G	N	W	W	K	T	Q	E

BEC, CAMPAGNE, COQUELICOT, DÉPART, FEUILLE,
JARDIN, OIE, POUSSIN

Z	T	T	B	O	F	B	N	B	K	J	Q
W	M	M	B	É	B	É	G	J	L	C	O
B	M	A	R	E	V	E	M	X	B	F	I
S	F	P	A	I	N	C	M	A	O	T	S
H	X	V	K	B	C	L	K	R	U	C	E
T	H	L	Q	I	K	P	C	B	E	C	A
W	Q	D	Q	M	I	X	O	R	O	A	U
X	B	P	T	V	U	Q	C	E	P	I	Z
G	B	P	P	B	M	P	Y	V	Q	L	M
C	T	J	T	G	Z	U	C	J	C	L	G
P	Y	Q	C	A	R	P	S	L	Y	O	F
O	O	F	B	Q	P	H	P	X	J	U	C

ARBRE, BÉBÉ, BOUE, CAILLOU, CAR, MARE, PAIN, OISEAU

Y	F	E	R	M	I	E	R	K	Y	V	V
U	Z	P	X	C	W	X	Y	F	E	J	T
J	H	B	N	B	V	X	V	A	P	G	D
C	F	O	V	K	H	T	S	R	I	C	P
C	L	U	F	P	B	G	V	O	G	J	E
U	E	R	F	L	X	F	V	U	E	K	T
Y	U	G	S	A	Z	I	G	T	O	Y	X
D	R	E	F	N	U	Z	S	E	N	Q	L
K	L	O	Q	T	L	I	Q	V	O	W	H
M	C	N	D	E	I	B	E	C	W	P	G
C	A	T	V	P	D	N	Q	V	O	Q	Z
A	Z	P	L	T	R	A	C	T	E	U	R

BEC, BOURGEON, FERMIER, FLEUR, PIGEON,
PLANTE, ROUTE, TRACTEUR

N	G	U	Ê	P	E	M	Y	Q	S	N	L
J	F	N	J	M	G	P	Z	Y	T	B	J
M	I	E	L	B	O	P	N	O	C	O	C
F	J	Z	W	Z	Y	B	O	J	X	U	C
J	F	C	R	A	P	A	U	D	M	R	C
I	Y	N	C	A	Y	E	H	V	R	G	H
B	P	P	N	P	K	Z	V	B	K	E	È
C	N	Q	U	B	F	K	V	B	E	O	V
X	A	A	B	E	I	L	L	E	W	N	R
F	B	C	O	C	H	O	N	M	V	G	E
F	G	A	L	O	K	F	Q	Y	M	B	I
C	A	R	B	B	V	Q	K	V	W	A	G

ABEILLE, BOURGEON, CAR, CHÈVRE, COCHON, CRAPAUD, GUÊPE, MIEL

B	C	V	Z	Q	U	Z	P	X	Y	R	U
V	R	R	Q	C	V	R	A	S	A	G	O
K	A	X	V	R	A	T	C	F	U	X	V
C	P	C	L	É	G	U	M	E	G	H	C
H	A	Q	L	S	Y	V	G	U	P	B	D
I	U	N	Z	B	J	N	Q	I	L	A	P
E	D	J	C	F	D	L	L	D	U	R	O
N	X	A	W	U	W	V	K	U	M	Q	U
O	M	R	K	L	B	E	C	J	E	U	F
I	P	D	U	D	J	G	L	Q	K	E	G
B	U	I	V	X	Q	F	P	R	O	Z	Z
X	Z	N	N	U	J	F	M	P	P	C	D

LÉGUME, BARQUE, BEC, CHIEN, CRAPAUD, JARDIN, PLUME, RAT

B	W	M	L	R	I	V	I	È	R	E	F
I	Y	O	U	G	Q	L	X	G	K	M	T
X	O	A	Q	J	U	Y	M	Z	A	S	L
B	É	B	É	O	B	B	O	D	I	J	U
L	C	A	E	P	K	V	R	É	L	M	E
U	P	L	U	D	O	O	C	P	E	F	M
Z	X	G	Q	X	W	B	E	A	F	K	Q
M	M	P	U	P	O	E	A	R	Y	W	P
F	Y	N	M	B	O	C	U	T	V	X	U
Z	W	G	K	X	N	W	Y	B	J	K	Q
F	U	D	B	A	S	S	I	N	X	J	A
P	L	A	N	T	E	C	G	D	H	Y	M

AILE, BASSIN, BÉBÉ, BEC, DÉPART, MORCEAU, PLANTE, RIVIÈRE

C	Y	R	O	U	T	E	X	S	H	W	Y
S	F	E	U	A	B	E	I	L	L	E	Z
K	L	T	X	W	C	O	Q	B	Q	Z	Y
V	A	R	U	Q	T	W	E	Q	U	J	U
R	M	A	K	T	Y	B	G	X	C	I	T
M	M	C	U	W	M	H	K	F	H	N	M
J	E	T	G	A	O	R	Q	E	A	W	G
S	G	E	M	M	U	A	Q	R	M	G	Z
G	V	U	B	X	C	Q	X	M	P	M	X
Q	X	R	K	O	H	J	O	E	P	K	X
W	L	K	E	K	E	H	S	Q	F	A	Q
J	J	X	K	B	S	A	L	K	G	V	X

ABEILLE, CHAMP, COQ, FERME, FLAMME, MOUCHE, ROUTE, TRACTEUR

Q	J	C	K	F	E	R	M	E	X	B	H
Z	G	H	Y	G	D	J	O	S	G	Q	I
M	N	E	M	M	O	U	C	H	E	G	P
P	Y	M	C	J	T	V	U	F	F	P	O
U	C	I	H	C	P	U	I	F	V	K	U
V	R	N	È	X	B	O	T	T	E	U	L
X	A	É	V	M	F	Q	W	Y	J	W	E
J	P	E	R	J	A	U	C	B	O	B	L
K	A	W	E	J	G	Q	O	C	K	O	O
N	U	M	B	N	W	H	C	C	U	S	V
H	D	B	K	W	X	L	V	W	L	W	C
G	L	M	A	R	G	U	E	R	I	T	E

BOTTE, CHEMINÉE, CHÈVRE, CRAPAUD, FERME, MARGUERITE, MOUCHE, POULE

M	P	S	R	E	Q	R	A	T	J	J	B
O	C	W	F	R	V	C	H	E	V	A	L
U	R	G	R	E	N	O	U	I	L	L	E
C	E	N	F	T	C	F	O	P	S	X	Q
H	P	L	É	G	U	M	E	B	Y	C	J
E	Z	B	X	F	E	R	M	E	C	A	S
G	W	W	G	L	L	Y	P	P	U	I	L
J	H	P	W	P	M	P	S	R	O	L	O
J	Z	U	U	M	C	D	U	I	Z	L	C
B	N	R	I	V	I	È	R	E	Y	O	Y
X	K	Y	N	F	B	L	G	C	B	U	Q
W	Q	P	O	X	H	A	W	D	U	P	X

LÉGUME, CAILLOU, CHEVAL, FERME, GRENOUILLE, MOUCHE, RAT, RIVIÈRE

G	D	Z	W	F	O	B	B	B	É	B	É
Q	F	Z	Y	T	Q	A	U	W	V	R	E
W	P	M	V	B	Y	R	I	L	P	U	H
A	O	E	F	Q	T	Q	G	N	V	O	B
J	U	B	S	H	B	U	C	K	K	M	F
S	S	E	S	X	O	E	A	B	F	I	L
W	S	C	Y	L	U	J	I	N	Y	E	K
X	I	J	M	B	E	M	L	Q	Y	L	T
P	N	M	J	W	X	M	L	K	L	S	K
F	G	N	L	G	B	K	O	Q	P	A	U
C	H	E	V	A	L	R	U	P	J	K	Q
M	D	I	N	D	O	N	V	F	X	P	A

BARQUE, BÉBÉ, BOUE, CAILLOU, CHEVAL, DINDON, MIEL, POUSSIN

Q	P	A	I	N	A	D	Q	N	K	F	E
D	F	D	K	K	W	H	C	U	V	K	V
V	Q	U	W	G	P	E	I	V	Q	K	C
F	V	U	F	U	T	R	T	C	M	G	O
L	Q	C	P	L	P	B	V	M	X	H	Q
A	J	M	O	C	I	E	J	Y	Q	F	F
M	H	C	N	X	F	B	F	W	C	Y	E
M	Q	X	E	P	C	O	C	H	O	N	V
E	W	F	Y	X	V	V	F	U	M	É	E
T	Z	V	Z	V	Q	U	N	Y	K	Y	P
U	X	F	E	R	M	E	S	K	K	P	S
C	N	X	Y	I	F	L	X	O	O	U	Q

COCHON, COQ, FERME, FLAMME, FUMÉE, HERBE, PAIN, PONEY

P	L	D	É	P	A	R	T	X	Q	K	E
B	T	H	K	G	C	Â	N	E	C	Z	P
T	P	E	P	P	V	T	J	R	N	X	U
C	R	B	M	I	O	R	Q	X	V	J	O
H	A	B	F	E	G	C	I	W	Q	T	M
È	I	K	U	R	M	O	B	C	E	O	O
V	R	O	W	R	J	L	E	X	Q	X	U
R	I	K	F	E	C	L	D	F	O	Z	T
E	E	B	H	U	L	I	Y	Z	L	G	O
J	L	S	H	V	W	N	U	L	Y	T	N
J	P	L	A	N	T	E	Z	G	Y	Y	U
F	C	U	D	O	W	Q	J	L	F	A	V

ÂNE, CHÈVRE, COLLINE, DÉPART, MOUTON, PIERRE, PLANTE, PRAIRIE

J	V	J	G	I	X	V	T	B	J	A	U
T	C	H	I	E	N	U	F	A	P	N	P
G	R	A	I	N	L	Y	E	W	U	C	Q
O	J	L	Q	W	Y	T	R	H	K	I	O
J	U	M	A	S	Z	M	M	I	G	P	J
Z	P	A	D	L	L	I	I	M	Y	E	A
S	A	R	P	V	X	E	E	L	B	K	U
R	F	E	O	I	N	L	R	R	Ê	W	N
X	C	Y	P	M	O	Z	U	T	T	V	C
Q	C	Z	Q	M	J	J	U	K	E	L	K
D	Z	P	R	A	I	R	I	E	U	K	B
Y	X	G	K	R	O	B	É	B	É	W	E

BÉBÉ, BÊTE, CHIEN, FERMIER, GRAIN, MARE, MIEL, PRAIRIE

C	C	Q	V	C	J	V	Y	Z	Z	G	Q
T	A	P	Y	G	D	Â	N	E	E	U	I
O	M	X	Q	W	B	X	R	B	U	F	A
R	P	Y	Q	T	L	K	F	L	E	U	R
T	A	D	N	O	P	U	Q	Y	J	U	Z
U	G	M	P	O	U	L	E	B	K	B	H
E	N	W	H	É	R	I	S	S	O	N	W
B	E	O	F	G	R	I	F	F	E	L	X
Z	L	M	O	R	C	E	A	U	Y	G	V
D	H	S	A	M	Y	C	M	L	Q	N	L
B	H	A	X	B	W	L	Q	L	X	L	V
Z	Z	P	P	C	P	O	N	L	G	Y	J

ÂNE, CAMPAGNE, FLEUR, GRIFFE, HÉRISSON, MORCEAU, POULE, TORTUE

J	M	X	Y	A	E	B	U	F	K	G	M
A	A	X	Z	B	H	Z	L	M	V	Q	B
R	R	S	F	A	K	G	W	U	G	K	M
D	G	V	P	R	G	Y	J	R	D	W	V
I	U	Q	O	Q	B	C	K	M	L	U	M
N	E	F	U	U	G	W	H	Y	P	U	L
M	R	E	L	E	F	C	H	I	E	N	L
K	I	R	E	L	B	A	S	S	I	N	B
Q	T	M	Q	N	J	B	K	Q	F	O	T
B	E	E	W	K	C	U	O	G	W	K	D
C	U	K	A	I	L	E	J	Z	W	P	Z
E	H	W	P	S	O	P	N	W	Y	R	M

AILE, BARQUE, BASSIN, CHIEN, FERME, JARDIN, MARGUERITE, POULE

O	C	W	B	O	U	R	G	E	O	N	J
H	M	X	J	O	H	G	R	A	I	N	E
I	U	B	C	C	H	A	M	P	F	M	X
F	Q	Y	L	Y	F	E	R	M	I	E	R
X	M	P	X	E	K	H	B	F	W	M	I
P	O	H	P	J	A	C	I	Z	Z	C	J
Q	U	V	K	A	Z	Q	B	F	X	W	P
H	T	M	G	I	X	G	B	Y	N	Z	B
E	O	N	V	L	Y	L	Y	J	X	Y	T
R	N	D	H	E	G	L	F	J	Y	W	Y
B	W	J	P	J	P	R	A	I	R	I	E
E	Q	T	Q	Y	B	B	Q	Z	I	N	C

AILE, BOURGEON, CHAMP, FERMIER, GRAINE,
HERBE, MOUTON, PRAIRIE

C	E	S	C	A	R	G	O	T	J	H	G
H	W	F	L	E	U	R	W	U	C	E	R
F	E	W	F	X	G	M	W	U	L	R	I
Y	Q	C	M	Q	S	V	Q	I	É	B	F
Y	I	O	X	A	U	L	X	M	G	E	F
F	U	Q	G	A	W	G	X	F	U	O	E
W	S	L	X	V	X	K	J	G	M	D	O
E	C	A	R	L	K	V	R	Y	E	H	O
K	C	G	K	F	I	Q	V	K	V	M	X
V	O	W	P	T	L	X	K	G	F	J	F
S	P	G	C	X	W	Y	X	M	J	Q	C
B	F	W	J	Y	T	O	R	T	U	E	V

LÉGUME, CAR, COQ, ESCARGOT, FLEUR, GRIFFE, HERBE, TORTUE

H	O	A	G	C	M	P	X	K	E	Z	M
G	I	B	P	O	U	L	E	G	W	T	D
S	S	K	Z	C	P	L	U	X	Z	K	F
W	E	L	M	F	U	H	V	R	J	A	L
K	A	Q	L	S	V	X	P	M	A	C	X
B	U	W	U	Q	D	Q	B	C	G	H	E
P	U	Y	O	Q	C	L	A	D	N	E	G
A	U	H	I	Z	T	B	C	P	E	M	J
I	V	P	E	L	I	B	Q	P	A	I	X
N	B	Y	K	V	Z	V	D	Q	U	N	J
D	W	F	E	R	M	I	E	R	X	É	L
O	A	B	O	U	Q	U	E	T	O	E	Q

AGNEAU, BOUQUET, CHEMINÉE, FERMIER, PAIN,
OIE, OISEAU, POULE

G	G	Y	W	G	F	Y	Y	V	X	S	Q
F	E	R	M	I	E	R	P	E	G	Y	Y
V	P	C	O	L	L	I	N	E	T	B	C
H	É	R	I	S	S	O	N	M	Q	Q	O
L	K	A	R	B	R	E	O	J	D	E	Q
K	M	J	B	K	H	N	C	J	K	S	R
T	O	A	P	K	J	W	L	F	Y	C	C
X	U	C	J	I	U	W	Y	L	X	A	O
P	C	E	Y	Y	Q	A	T	X	Y	R	C
K	H	E	E	X	N	D	E	Y	D	G	H
N	E	B	R	I	O	W	R	L	W	O	O
J	K	F	F	L	K	G	L	W	Q	T	N

ARBRE, COCHON, COLLINE, COQ, ESCARGOT,
FERMIER, HÉRISSON, MOUCHE

O	C	Q	Y	W	X	P	O	N	E	Y	P
I	Q	S	F	L	E	U	R	Y	Q	J	U
S	P	R	R	R	H	C	V	C	L	W	P
E	L	K	C	J	V	U	E	R	B	Z	G
A	U	K	D	O	G	D	C	A	X	A	A
U	M	R	O	F	E	T	J	P	K	X	Q
G	E	C	F	V	V	L	I	A	B	M	O
P	B	A	M	S	W	Y	T	U	I	B	G
A	R	R	X	Y	W	Z	X	D	F	A	C
R	P	C	H	U	P	W	B	O	P	Y	N
G	R	I	F	F	E	X	B	F	X	F	Q
U	U	V	P	C	H	A	M	P	M	Z	K

CAR, CHAMP, CRAPAUD, FLEUR, GRIFFE, OISEAU, PLUME, PONEY

V	M	P	J	Q	Y	F	Y	C	A	P	Q
J	B	A	R	Q	U	E	Y	E	G	L	L
K	W	M	V	C	J	Y	C	C	B	A	M
T	C	H	A	R	I	O	T	K	X	N	A
G	G	G	Z	J	B	X	Z	B	U	T	R
H	V	P	I	B	M	J	P	E	P	E	E
U	Z	F	I	O	C	G	J	C	Y	Z	B
Z	F	E	R	M	E	F	X	U	G	I	L
W	I	V	Y	S	J	X	F	C	A	R	I
C	P	F	M	Q	M	G	P	P	Q	L	Q
B	V	Q	K	H	Y	X	M	Y	C	G	Z
Y	K	C	H	A	M	P	X	Q	M	F	J

BARQUE, BEC, CAR, CHAMP, CHARIOT, FERME,
MARE, PLANTE

I	A	G	M	B	O	S	K	X	V	N	G
O	W	G	P	A	Y	M	V	Q	P	Q	P
C	G	I	U	I	F	V	D	B	U	Y	O
J	B	R	A	N	C	H	E	L	U	X	U
X	Y	P	G	V	R	U	L	J	F	P	S
O	Q	H	H	B	É	B	É	F	E	Y	S
X	R	B	C	Y	G	N	E	C	U	Y	I
É	T	A	N	G	L	I	B	M	I	C	N
O	H	E	R	B	E	F	C	X	L	V	U
Z	T	G	D	F	X	F	O	B	L	O	Y
F	D	Q	Y	R	P	B	O	M	E	L	G
Q	O	D	Y	R	K	L	T	V	L	Y	X

BAIN, BÉBÉ, BRANCHE, CYGNE, ÉTANG, FEUILLE, HERBE, POUSSIN

D	U	T	O	G	X	E	U	V	X	M	B
T	R	A	C	T	E	U	R	F	H	P	U
M	W	C	U	W	K	O	Y	W	F	R	N
G	B	O	U	R	G	E	O	N	F	A	F
B	S	R	D	C	R	J	X	J	N	I	D
A	W	M	N	K	I	J	C	M	A	R	E
I	W	X	C	Y	F	A	Y	D	P	I	E
N	J	B	Z	W	F	R	E	T	P	E	E
P	M	J	L	O	E	D	U	Z	Q	K	K
L	M	V	Y	L	Y	I	Y	A	Y	O	M
Q	C	O	Q	W	C	N	H	B	G	V	N
W	G	L	M	P	L	A	C	X	X	A	W

BAIN, BOURGEON, COQ, GRIFFE, JARDIN, MARE,
PRAIRIE, TRACTEUR

B	J	W	F	U	M	É	E	L	U	J	X
C	Y	G	N	E	P	W	V	B	P	V	I
W	L	W	B	F	P	X	Y	W	Y	T	Q
L	C	L	Z	X	W	T	G	U	Ê	P	E
Q	I	R	K	U	J	L	V	C	F	L	K
L	V	X	Q	W	Z	F	V	V	É	A	M
B	M	O	H	V	N	E	X	Y	T	D	O
B	Y	T	W	B	L	R	X	K	A	O	R
É	C	W	L	D	Q	M	L	H	N	O	C
B	L	Y	B	W	P	E	Y	J	G	I	E
É	Z	F	B	F	Z	F	C	Q	K	P	A
X	Q	B	G	R	A	I	N	E	V	Z	U

BÉBÉ, CYGNE, ÉTANG, FERME, FUMÉE, GRAINE, GUÊPE, MORCEAU

D	B	W	J	C	H	E	V	A	L	X	E
X	Ê	V	A	O	B	O	P	X	V	R	S
Z	T	K	R	A	T	K	O	Q	J	S	C
R	E	P	W	C	G	A	K	K	C	M	A
V	L	B	O	U	Q	U	E	T	P	E	R
V	U	W	J	Y	X	B	A	X	W	F	G
N	P	O	N	E	Y	M	O	P	W	W	O
R	W	S	H	K	Z	Q	D	C	P	Q	T
V	R	M	W	C	A	I	L	L	O	U	P
W	C	U	Q	C	E	C	Y	G	Q	J	Z
U	N	O	S	H	Q	B	K	D	S	U	K
V	V	W	Q	S	H	I	P	A	I	N	O

BÊTE, BOUQUET, CAILLOU, CHEVAL, ESCARGOT,
PAIN, PONEY, RAT

K	B	A	R	F	C	Z	X	M	O	E	B
E	R	X	P	U	S	F	V	D	G	B	A
U	Z	M	B	T	M	E	P	R	J	D	B
U	R	F	P	K	O	U	A	A	O	G	Z
Z	B	K	M	E	U	I	I	J	P	R	B
F	R	P	U	H	T	L	N	P	V	I	Z
G	J	E	B	O	O	L	J	Z	M	F	C
X	J	Z	Q	C	N	E	Q	G	S	F	H
V	R	A	X	W	P	Q	K	Z	U	E	È
T	E	Â	N	E	S	X	C	M	K	V	V
D	A	C	K	L	G	R	A	I	N	C	R
Y	T	P	R	A	I	R	I	E	P	X	E

ÂNE, CHÈVRE, FEUILLE, GRAIN, GRIFFE, PAIN,
MOUTON, PRAIRIE

F	F	E	U	I	L	L	E	V	X	U	K
T	M	W	Q	Z	Y	Q	Z	G	M	C	G
C	G	U	G	W	P	C	L	R	X	H	X
D	P	R	C	R	F	U	S	Y	A	E	F
B	S	Q	A	O	K	K	C	G	G	M	U
M	Q	S	K	O	H	C	H	R	N	I	M
C	O	C	H	O	N	Z	A	I	E	N	É
A	G	F	I	S	A	X	R	F	A	É	E
G	Z	Y	C	I	X	V	I	F	U	E	Q
Q	B	A	I	N	I	M	O	E	V	H	A
S	P	S	B	Q	I	U	T	U	F	K	X
P	X	G	H	O	V	L	C	W	Z	P	O

AGNEAU, BAIN, CHARIOT, CHEMINÉE, COCHON,
FEUILLE, FUMÉE, GRIFFE

J	Z	S	F	L	E	U	R	A	X	I	C
M	L	R	T	F	G	C	O	B	B	L	I
C	H	E	M	I	N	É	E	N	A	X	X
Y	S	B	Q	B	V	Q	X	H	S	J	I
C	O	H	E	R	B	E	M	U	S	O	Z
Z	C	R	A	P	A	U	D	U	I	Y	Z
F	L	A	M	M	E	F	C	J	N	O	J
B	D	E	Q	Q	L	U	R	V	Q	Z	J
B	C	C	Z	Y	Z	J	C	X	G	C	U
C	H	E	V	A	L	P	M	E	Y	L	U
R	X	M	M	M	J	S	R	U	M	L	X
B	F	X	B	P	R	A	I	R	I	E	C

BASSIN, CHEMINÉE, CHEVAL, CRAPAUD, FLAMME, FLEUR, HERBE, PRAIRIE

M	O	R	C	E	A	U	N	F	M	U	P
P	M	F	U	I	P	O	U	L	E	K	F
C	O	L	L	I	N	E	C	V	L	T	X
Z	Z	B	U	F	J	M	O	U	T	O	N
C	M	J	Z	V	M	É	T	A	N	G	I
D	C	H	M	C	F	X	N	P	F	R	K
L	K	I	S	C	E	Q	J	A	V	P	J
O	I	S	E	A	U	Z	Z	Q	J	F	E
X	J	V	X	R	I	V	S	V	X	S	K
I	U	V	M	G	L	P	X	F	I	X	Y
Y	M	O	Z	Q	L	V	P	V	X	X	M
F	K	X	F	Q	E	A	A	V	K	W	W

CAR, COLLINE, ÉTANG, FEUILLE, MORCEAU,
MOUTON, OISEAU, POULE

F	U	M	É	E	D	L	O	F	X	Q	C
Z	I	W	Y	Y	B	R	M	P	G	C	V
C	O	Q	U	E	L	I	C	O	T	L	E
Q	U	I	U	A	M	V	F	Z	F	Y	D
G	T	F	A	F	V	I	C	W	X	F	M
R	O	E	Y	A	F	È	H	E	Y	X	Z
O	R	U	I	B	H	R	A	Z	V	W	J
M	T	I	V	F	H	E	T	L	Y	B	E
V	U	L	G	K	V	A	K	H	C	K	M
C	E	L	P	T	J	G	D	A	Q	G	X
K	X	E	H	M	O	G	É	T	A	N	G
Y	O	G	T	R	A	C	T	E	U	R	J

CHAT, COQUELICOT, ÉTANG, FEUILLE, FUMÉE, RIVIÈRE, TORTUE, TRACTEUR

B	O	U	J	X	G	P	C	B	E	C	S
Y	V	Q	L	R	T	A	B	R	E	B	L
O	B	T	P	V	X	I	X	A	M	B	G
B	C	V	H	T	G	N	Y	T	I	T	H
O	G	V	Y	P	Z	C	B	W	M	O	Y
U	V	C	R	A	P	A	U	D	Y	R	C
E	G	R	B	T	I	K	G	W	A	T	H
R	M	O	U	C	H	E	D	P	W	U	E
W	U	L	F	S	B	N	X	L	E	E	V
W	L	H	L	B	W	X	I	I	I	L	A
Q	M	X	J	X	J	Q	L	K	Z	J	L
N	U	L	C	H	E	M	I	N	É	E	M

BEC, BOUE, CHEMINÉE, CHEVAL, CRAPAUD, PAIN,
MOUCHE, TORTUE

J	F	O	I	S	E	A	U	K	J	J	M
D	Z	C	F	I	G	S	V	L	W	R	N
R	A	T	V	M	K	X	W	T	X	X	K
Q	L	Q	G	O	V	S	B	A	K	X	F
T	M	D	P	U	G	K	E	Z	Q	L	D
U	C	R	L	T	H	X	C	H	A	M	P
D	O	C	P	O	D	S	F	Y	W	F	G
F	Q	X	U	N	J	Z	B	J	C	Z	G
E	Q	F	X	V	L	L	K	V	O	T	A
G	Q	C	H	E	V	A	L	K	X	Y	S
O	X	F	C	Y	G	N	E	X	O	D	B
I	W	O	O	P	F	F	J	F	G	Z	C

BEC, CHAMP, CHEVAL, COQ, CYGNE, MOUTON, OISEAU, RAT

C	J	U	R	K	B	M	X	I	O	E	I
W	X	C	C	U	Q	Q	C	B	B	F	Y
C	X	X	B	K	S	Q	H	O	V	M	I
A	N	F	M	Q	X	I	A	U	X	A	N
I	D	I	P	K	F	C	T	E	V	R	Y
L	K	I	K	J	K	Q	M	X	U	E	F
L	Z	A	G	N	E	A	U	D	J	Z	V
O	H	T	O	R	T	U	E	G	Z	M	C
U	F	Z	O	F	B	O	U	Q	U	E	T
H	F	R	M	I	E	L	X	M	W	J	N
T	B	P	I	U	P	Z	P	O	L	T	U
Z	I	V	E	Z	O	Y	S	A	R	U	G

AGNEAU, BOUE, BOUQUET, CAILLOU, CHAT, MARE, MIEL, TORTUE

W	K	V	A	Z	F	L	É	G	U	M	E	E
D	P	T	N	E	Q	G	M	B	P	S	Y	
M	L	Q	M	L	M	K	R	M	U	C	W	
U	A	U	V	C	O	W	I	C	O	H	G	
V	N	V	Y	N	U	A	V	R	T	E	B	
P	T	M	F	V	C	X	I	A	L	M	M	
M	E	J	P	G	H	K	È	P	X	I	C	
O	L	H	M	J	E	C	R	A	Y	N	Q	
C	L	V	Y	O	U	X	E	U	M	É	C	
Q	D	É	P	A	R	T	E	D	I	E	P	
J	Q	U	C	S	Q	L	G	M	E	F	G	
X	P	U	M	V	Y	M	M	Q	L	Z	L	

LÉGUME, CHEMINÉE, CRAPAUD, DÉPART, MIEL, MOUCHE, PLANTE, RIVIÈRE

C	L	O	L	G	Q	D	X	R	V	W	O
H	C	X	H	A	J	Y	Q	T	F	P	R
È	Y	P	C	I	K	T	O	R	T	U	E
V	F	O	N	L	P	H	P	J	O	W	F
R	L	N	H	E	U	O	P	Y	J	P	X
E	A	E	P	H	B	O	P	Q	F	Z	V
C	M	Y	Y	B	O	U	Q	U	E	T	Y
F	M	W	P	K	U	Z	K	O	L	D	H
K	E	Z	R	K	E	V	Y	U	K	Z	X
C	U	R	K	B	C	Z	H	F	T	L	L
Y	F	C	B	A	S	S	I	N	V	G	V
Y	R	P	X	Y	P	M	M	D	H	D	O

AILE, BASSIN, BOUE, BOUQUET, CHÈVRE, FLAMME, PONEY, TORTUE

G	R	E	N	O	U	I	L	L	E	D	K
C	O	L	L	I	N	E	O	C	V	V	Z
H	J	P	P	M	P	M	J	H	F	A	X
Q	L	A	H	O	G	T	J	B	O	M	F
Z	X	B	P	P	N	M	P	W	N	G	E
K	T	J	A	L	G	N	B	A	T	B	R
K	N	C	I	U	G	N	C	O	A	O	M
O	O	Q	N	M	L	P	V	V	I	U	I
X	D	F	I	E	N	Z	Q	W	N	Q	E
H	B	M	O	K	O	V	H	C	E	U	R
X	B	O	U	R	G	E	O	N	J	E	Z
X	L	P	Y	M	Z	U	Q	Q	X	T	C

BOUQUET, BOURGEON, COLLINE, FERMIER,
FONTAINE, GRENOUILLE, PAIN, PLUME

www.ingramcontent.com/pod-product-compliance
Lightning Source LLC
Chambersburg PA
CBHW081915120726
47996CB00010B/3335